송강스님의
벽암록 맛보기

-7권-

(61칙~70칙)

벽암록 맛보기를 내면서

　2021년 초에 불교신문사에서 새로운 연재를 부탁하기에 〈벽암록 맛보기〉라는 제목으로『벽암록(碧巖錄)』의 본칙(本則)과 송(頌)을 중심으로 1회 1칙씩을 연재하기로 했습니다. 정해진 지면에 맞추다 보니 여러 가지 도움이 될 장치를 생략하게 되었으나, 공부하기에는 크게 부족함이 없었습니다.

　불교신문 독자들 가운데 책으로 공부하기를 원하는 분들이 많아서 이제 10칙씩을 묶어 한지제본의 〈벽암록 맛보기〉를 차례로 출판하기로 하였습니다. 불교신문 지면에 실린 내용에다 몇 가지 도움이 될 부분을 더하여 편집의 묘를 살린 것입니다.

　참선공부는 큰 의심에서 시작되고, 『벽암록(碧巖錄)』의 선문답은 본체 또는 주인공에 대한 의심을 촉발하기 위한 것입니다. 그러므로 의심을 일으킬 수 있는 정도로 설명은 간략하게 하고 자세한 풀이는 생략했습니다. 너무 자세한 설명은 스스로 의심을 일으키기는 커녕 자칫 다 알았다는 착각에 빠지게 하기 때문입니다. 이 책이 많은 분들에게 큰 의심을 일으킬 수 있는 기회가 된다면 참 좋은 법연(法緣)으로 생각하겠습니다.

2022년 여름 개화산자락에서
시우 송강(時雨松江) 합장

차 례

제61칙

풍혈 일진
(風穴一塵)

풍혈선사의
한 티끌

"한 티끌 세워
웅대한 국가의 터전을 세우노라"

중국 대동 운강석굴의 돌로 된 부처님께서
설파하시는 한 말씀을 들을 수 있는가!

　본래면목을 완벽하게 깨달은 선지식이라면 진리의 깃발을 드높여 휘날릴 것이고, 무엇이 핵심인지를 분명히 드러낼 것이다. 또한 탁월한 지도자라면 깨달은 이와 범부를 곧바로 가릴 것이고, 지혜로운 이와 어리석은 자를 순식간에 구분할 것이다.

　뛰어난 선지식이라면 후학을 지도함에 있어 부정적 방법을 쓸 것인지 긍정적 방법을 쓸 것인지를 명확히 알 뿐더러, 후학이 지도를 받을 수 있는 시절인연이 되었는지도 본다. 따라서 그 후학을 어느 정도의 강약으로 지도해야 할지도 분명하게 안다.

　그건 그렇고 공부한 사람이라면 적어도 온 우주를 삼켜버릴 한마디쯤은 해야 되지 않겠는가? 만약 그런 한마디를 하는 이를 만난다면 그 한마디를 어떻게 알아볼 수 있을까?

풍혈 연소화상(風穴延沼和尙, 896~973)은 남원 혜옹화상(南院慧顒和尙)의 제자이며, 임제화상(臨濟和尙)의 4대 법손(法孫)이다. 여주(汝州) 풍혈산(風穴山)에 주석했으므로 풍혈화상이라고 한다.

화상은 여항(餘杭) 출신으로 처음엔 월주(越州)의 경청 순덕화상(鏡淸順德和尙)에게 출가하였으나 깊은 경지에 이르지 못했다. 이윽고 양주(襄州)의 화엄원(華嚴院)에서 남원화상의 제자인 수랑(守廊)스님을 만나 남원화상을 찾게 되었다.

처음 남원화상을 찾아갔을 때 절도 하지 않은 채 불쑥 물었다.

"입문(入門)해서는 반드시 주인(主人)을 가려야 하는데, 그 참된 뜻을 분별해 주십시오."

남원화상이 왼손으로 무릎을 만지자 연소가 할(喝)을 하였다. 남원화상이 다시 오른손으로 무릎을 만지자 연소가 또 할(喝)을 하였다. 이에 남원이 왼손을 들면서 말했다.

"이것은 그대를 따르겠다."

다시 오른손을 들면서 말했다.

"그럼 이것은 어찌 하겠는가?"

연소가 말했다.

"눈멀었군요."

남원화상이 주장자를 들려는데, 연소가 말했다.

"무엇 하려고요? 주장자를 뺏어 노화상을 때려도 말하지 못했다고 하지 마십시오."

남원화상이 말했다.

"30년 주지를 지냈으나 오늘에야 누런 얼굴의 절강성 사람이 문턱에 와서 비단 짜는 꼴을 보았다."

"화상께서는 마치 발우도 얻지 못한 이가 거짓으로 시장하지 않다고 말하는 것 같습니다."

"그대는 언제 남원에 왔는가?"

"그게 무슨 말씀입니까?"

"노승이 분명한 것을 그대에게 물었느니라."

"그래도 놓치지 말아야 합니다."

"우선 앉아서 차나 마셔라."

연소가 비로소 제자의 예를 올렸다.

擧 風穴이 垂語云 若立一塵인댄 家國이
거 풍혈 수어운 약립일진 가국

興盛하고 不立一塵인댄 家國이 喪亡하나니라
흥성 불립일진 가국 상망

雪竇拈拄杖云 還有同生同死底衲僧
설두념주장운 환유동생동사저납승

麼아
마

- 진(塵)

  티끌. 번뇌. 생각.

이런 얘기가 있다. 풍혈선사께서 법문을 말씀하셨다. "만약 한 티끌을 세우면 나라가 흥성하고, 한 티끌을 세우지 않으면 나라가 망해 버린다."

설두선사께서 주장자를 들고 이르셨다. "자, 함께 살고 함께 죽을 수행자가 있느냐?"

 이 세상의 모든 것은 모두 한 생각에서 비롯되었다. 옳다거나 그르다거나 하는 것도 한 생각이 만든 것이고, 깨달음이니 번뇌니 하는 것도 또한 한 생각의 작품이다. 이처럼 한 생각이 움직이면 온갖 것이 일어나는 것이다. 온갖 철학과 종교가 경쟁하듯 일어난 것도 한 생각에서 벌어진 일인데, 온갖 것 다 만들어 놓고 다시 우열을 가리며 옳고 그름을 논한다.

 그럼 어떻게 이 세상을 평화롭게 만들 것인가? 어떻게 하면 모든 사람이 행복해질까? 이미 모든 가르침 다 펼쳐 놓았는데 무얼 다시 보태려고 하는가. 한 생각도 두지 말라. 그러면 적멸해지리라.

 그런데 이게 또 함정이 되니 어쩌겠는가! 한 생각도 두지 말라고 하니 그저 바위처럼 고목처럼 되려고 한다. 밝은 사람은 종일 생각을 해도 지혜롭고 편안하지만, 어리석은 이는 아무 생각도 하지 않으면서도 캄캄하고 불안하다.

 설두스님이 풍혈선사의 이 멋진 법어를 예로 든 후에

노파심이 일었나 보다. 주장자를 치켜들고는 후려칠 듯이 쏘아보며 일갈하셨다. "이 풍혈선사와 생사를 같이할 자가 있느냐?" 그러나 안타깝게도 아무도 한 마디 못 한 걸 보니, 그 경지에 이른 자가 없었군그래.

송(頌)

野老從敎不展眉_{라도}
야 로 종 교 부 전 미

且圖家國立雄基_{하리라}
차 도 가 국 립 웅 기

謀臣猛將今何在_오
모 신 맹 장 금 하 재

萬里淸風只自知_{로다}
만 리 청 풍 지 자 지

- 종교(從敎)

  ~하도록 함.

- 부전미(不展眉)

  눈썹을 펴지 않음. 눈썹을 찡그림.

시골 노인 눈썹을 펴지 않는다 하더라도,
우선 국가의 웅대한 터전 세우도록 하리라.
지모의 신하 용맹한 장수 지금 어디 있나?
만 리의 맑은 바람 다만 스스로 알 뿐이네.

설두 노인네는 제1구와 제2구에서 "시골 노인 눈썹을 펴지 않는다 하더라도, 우선 국가의 웅대한 터전 세우도록 하리라."하고 읊었다.

이것은 본칙에서 풍혈선사의 세워 흥하는 것과 세우지 않아 멸망하는 것의 두 가지 중에서 흥하는 쪽을 들고 있다. 그래서 한 티끌을 세워 나라가 흥성할 때 한가로운 시골의 노인이 귀찮아하며 눈썹을 찡그린다고 하더라도, 자신은 웅대한 국가의 터전을 세우겠다고 하였다. 석가모니께서 성을 나가시어 보리수 아래 깨닫고 천하를 다니신 것이나, 달마대사가 머나먼 동녘으로 오신 것이 바로 그러하기 때문이다. 두 양반이 한마디도 할 것 없는 경지에 홀로 머물러버렸다면, 후인들은 부처니 조사니 하는 것도 몰랐을 것이다. 그럼 어떻게 될까? 그믐밤에 가시밭길 걷는 나그네다.

설두선사께서는 제3구와 제4구에서 "지모의 신하 용맹한 장수 지금 어디 있나? 만 리의 맑은 바람 다만 스스로 알 뿐이네."라고 설파하셨다.

웅대한 국가를 세우는 것은 아무나 하는 것이 아니다. 모든 것을 다 꿰뚫고 그 어떤 것도 두려워하지 않는 지혜와 자비로운 보살심이 아니면 불가능한 일이기 때문이다. 선지식 노릇 하는 것이 어디 그냥 되는 일이던가. 과연 그것을 갖춘 이가 있기는 한 것인가?

만약 그 경지에 이른 사람이라면 천하가 본래 적멸하며, 언제나 맑은 바람 분다는 것을 알 것이다.

예로부터 지금까지 착각의 늪에 빠진 이가 숲을 이루고, 어두운 동굴 속에서 멍한 상태로 낮과 밤을 모르는 자가 강가의 모래보다 더 많다.

운문 일보
(雲門一寶)

운문선사의
한 가지 보물

"맑고 밝게 살피되,
굳이 따져서 구별하지 말라"

제6장

운명 감정
(運命一觀)

음양신경의
현지사 보급

깊은 불전(佛殿)에 들어가 불을 밝히면 무엇이 보이는가.
제대로 보고 있는 것인가!

　배운 것들은 모두가 과거에 일어났던 것에 의한 경험상 생긴 정보이다. 그런데 삶은 늘 변화하고 새롭다. 사람들은 대개 같은 나날이 되풀이된다고 생각하지만, 어느 한순간인들 똑같은 일이 일어나는가? 다만 그렇게 생각할 뿐 잘 살펴보면 낱낱이 다르다. 그런데도 과거의 지식으로 해결하려고 하니 자꾸만 어긋난다.

　참다운 지혜는 누구에게서 배워 얻는 것이 아니다. 본래 자기 안에서 즉각적으로 나오는 것이다. 정해진 틀이 없기 때문에 낱낱이 다른 일들에 대해 낱낱이 다른 대응을 하게 되는 것이다. 모르는 이들이 보면 경이롭지만 사실은 너무나 자연스러운 활동일 뿐이다. 그뿐만 아니라 이미 집착과 차별로부터 자유롭기에 모든 이들을 평등하게 잘 인도하는 선지식이 되어주는 것이다.

　지혜로운 이는 한 마디로 중생의 삿됨을 죽여 없애기도 하고, 웅크린 자유를 활짝 살려놓기도 한다. 하나의 손길로 그물에 걸려 옴짝달싹 못 하는 이를 풀어주기도 하며, 날뛰는 망상을 순식간에 잡아들이기도 한다. 이런 사람을 불교에서는 자유로운 사람이라고 하는 것이다.

본칙(本則)

擧 雲門이 示衆云호대 乾坤之內 宇宙之
거 운문 시중운 건곤지내 우주지

間에 中有一寶하니 秘在形山이라 拈燈籠
간 중유일보 비재형산 염등롱

向佛殿裏하며 將三門來等籠上이니라
향불전리 장삼문래등롱상

- **형산(形山)**

  육체. 몸.

- **등롱(燈籠)**

  등불을 넣어 걸어두거나 들고 다닐 수 있게 만든 기구. 대나 철
  사 등으로 등살을 만들고 기름종이나 얇은 천으로 발라서 만듦.
  처음엔 승방 안에서 쓰던 것을 뒤엔 법당에서 쓰게 되고, 또는
  정원이나 길가에도 세워서 오가는 사람의 편리를 꾀함.

- **삼문(三門)**

  절 입구에 있는 세 개의 문으로 다음을 상징한다. (1)열반(涅
  槃)으로 들어가는 세 가지 해탈문(解脫門). 곧 공문(空門), 무
  상문(無相門), 무작문(無作門) (2)지혜(智慧), 자비(慈悲), 방편
  (方便).

이런 얘기가 있다. 운문선사께서 대중에게 가르쳐 이르셨다. 하늘과 땅의 안 우주의 사이 그 가운데 한 가지 보물이 있으니, 우리의 몸에 숨겨져 있다.

등롱을 들고 불전 안으로 들어가서, 세 가지 문을 가져다가 등롱의 위에 놓아라.

죽들 나서다가 웃음이 하여 죽이라
  웃음들 들고 끄지 히으렇 들어서서 [illegible]
  뭄에 부서서 있다
이 그 지중배회 나서 끄들이 었허리 응되히
사돌려 이들였다 옵들 뫄히 히 승숙이 사
  이들 애[illegible]다 허다 [illegible]

강설(講說)

　운문선사께서 대중들의 시선을 시방세계로 옮겨 놓고, 그 우주 가운데 한 가지 보물이 있다고 말씀하셨다. 그리고는 비밀을 곧바로 실토하고 말았다. 그것은 다름 아닌 각자의 몸 안에 있다고 가리켜 보인 것이다. 그러고도 마음이 놓이질 않았는지 등을 들고 불전 안으로 들어가라고 하였다. 이 정도면 충분할 것이다. 그런데 또 한 마디 더 붙였다. 세 가지 문을 가져다가 그 등 위에 올려놓으라는 것이다. 운문선사는 이처럼 자비로우시다.

　마음을 내어 수행하려고 하니, 참 배울 것도 많고 익힐 것도 많다. 이리저리 살피느라 청춘은 속절없이 지나가고 어느덧 시간이 별로 남지 않은 것 같다. 소승이 어떻고 대승이 어떻고 따지다 보니 어떤 것이 옳은지도 잘 모르겠다. 팔만대장경 살피느라 그저 눈만 침침해지고 말았다. 운문선사께서 그것을 보다 못해 한 마디 던지셨다. 찾는 보물이 각자의 안에 있건만 어디서 찾는단 말인가.

　밤마다 켜는 등이건만 바깥을 비추고 다니느라 지친

이들에게 운문선사께서 또 한 말씀 하셨다. 등을 들고 불전 안으로 들어가라. 상상하지 말고 들어가 보면 안다. 그러나 본대로 믿어서는 안 된다. 그럼 어째야 할까? 모양을 넘어선 공(空)의 이치도 등에 올리고, 관념을 초월한 무상(無相)의 이치도 등에 올리고, 생멸 변화를 초월한 무작(無作)의 이치도 등에 올려놓으라고 하셨다. 그럼 어떻게 될까? 그렇게 해 보면 저절로 알게 될 것이다.

송(頌)

看看하라
간 간

古岸何人把釣竿고
고 안 하 인 파 조 간

雲冉冉 水漫慢이여
운 염 염 수 만 만

明月蘆花君自看하라
명 월 로 화 군 자 간

- **고안(古岸)**

  오래된 언덕, 아주 오래전부터 있던 언덕. 깨달음의 세계.

- **파조간(把釣竿)**

  낚싯대를 잡고 있다. 낚싯대를 드리우다. 무엇을 낚으려 하고

  있다.

살펴보고 살펴보라!

옛 언덕에 어떤 사람이 낚싯대를 드리웠나?

구름은 뭉게뭉게 물은 넘실넘실,

환한 달빛과 갈대꽃을 그대여 스스로 살펴보
라.

강설(講說)

 송의 제1구에서 설두선사는 "살펴보고 살펴보라!"고 강조하셨다.

 도대체 무엇을 살펴보라 하는 것일까? 운문의 가리킨 곳인가? 아니면 낚싯대 드리운 사람인가? 아니면 다른 그 무엇인가? 아차하면 속는다. 놓치지 말아야 한다. 팔만대장경을 다 보고 나면, 선사들의 수많은 어록을 다 읽고 나면 어떤 말씀이 무엇이 남을까? 바로 스스로 살펴보라는 말씀이다. 부처님도 선사들도 깨달음이라는 것을 포장해서 선물로 주시지는 않는다. 오직 스스로 그 깨달음 속으로 들어가야만 한다. 그러니 잘 살펴보라!

 설두 노인은 제2구에서 "옛 언덕에 어떤 사람이 낚싯대를 드리웠나?"라고 슬쩍 비밀의 문을 열어보였다.

 옛 언덕이라니 언제부터 있던 언덕일까? 헤아릴 수 없을 것이다. 고기를 잡아 생계를 유지하는 이가 아닐진대 무엇 때문에 그는 낚싯대를 드리운 것인가? 그이는 누구란 말인가? 직접 해보지 않았으니 알 리가 없을 터이다. 그럼, 지금이라도 그이를 찾아가 만나보면 되지 않겠는가.

　송의 제3구에서 설두 노장은 "구름은 뭉게뭉게 물은 넘실넘실,"이라고 다 펼쳐보였다.
　이처럼 이미 다 드러나 있지만 보는 사람마다 다르게 보니 그것이 문제이다. 하긴 본다는 것 자체가 이미 어긋난 것이다. 어떻게 해야 할까? 너울너울 춤이라도 추면 가깝다고 할 수 있으려나?

　설두노화상은 마지막 구절에서 "환한 달빛과 갈대꽃을 그대여 스스로 살펴보라."고 다시 강조하셨다.
　오직 맑고 밝게 살피되 굳이 따져서 구별하려고 하지 말라. 바로 그것이 항상 병통이었다. 본래 하나라는 것도 없는 것이거늘, 벌써 셋으로 나누었단 말인가.

제63칙

남전 참묘
(南泉斬猫)

남전선사께서
고양이를 베심

"고양이를 보기는 했는가?"

어느 부처가 가장 중요한 부처인가.
라다크 알치 곰파(사원)의 불화.

생각으로 헤아려 도달할 수 있는 경지는 어디까지일까? 안타깝게도 겉으로만 맴돌 뿐이다. 하지만 다양한 겉모양으로 전문가 노릇을 할 수도 있고, 다른 사람을 얼마든지 속일 수도 있다. 만약 똑바로 지도를 하려고 생각한다면 인기 따위를 기대하지 않는 것이 좋을 것이다. 인기가 아니라 곁에 사람이 머물기를 크게 기대하지 않아야 할 것이다.

말로 설명할 수 있는 세계는 어디까지일까? 멋진 설계도야 만들 수 있겠지만 초막 하나도 지을 수 없는 것이니 어쩌랴.

선지식의 지도는 번개보다도 빠르고 별똥보다도 신속하다. 만일 누군가 진정한 선지식을 만난다면 자신이 깊은 못의 물보다도 풍부한 지식을 가졌어도 순식간에 쏟아버릴 것이고, 험준한 산 같은 전문적 이론으로 무장했을지라도 단숨에 거꾸러뜨릴 것이다.

이러할 때 한눈에 알아볼 수 있는 이가 과연 있을까? 머리끝까지 화를 내며 물러가거나, 아니면 애꿎은 눈만 멀뚱거릴 것이다.

  남전 보원(南泉普願, 748~834)선사는 당대(唐代)의 고승으로 마조 도일(馬祖道一)선사의 법제자이다. 하남성(河南省)의 신정(新鄭)에서 출생했다. 속성이 왕씨(王氏)로 10살 때 하남성 밀현(密縣) 대외산(大隗山)의 대혜 종고(大慧宗杲)화상에게 출가하여 삼장(三藏)을 익히고, 777년 비구계를 받은 뒤에도 경론(經論)을 공부했으나 부족함을 느껴 마조선사를 찾아뵙고 지도를 받아 깨달음에 이르렀다. 795년에 안휘성(安徽省) 지양(池陽) 남전산(南泉山)에 들어가 나무하고 농사를 지으며 선풍을 떨치기 시작했으며, 30년간 한 번도 산을 나가지 않았으며, 말년에는 속성을 따서 스스로 왕노사(王老師)라고 칭했다. 제자로 조주 종심(趙州從諗) · 장사 경잠(長沙景岑) · 자호 이종(子湖利蹤) 등의 걸출한 이들이 많이 있고, 속가의 제자로는 육환 대부가 유명하다.

본칙(本則)

擧 南泉一日에 東西兩堂이 爭猫兒어늘
거 남 전 일 일　　동 서 양 당　쟁 묘 아

南泉見하고 遂提起云 道得卽不斬하리라
남 전 견　　수 제 기 운　도 득 즉 불 참

衆無對라 泉斬猫兒爲兩段하다
중 무 대　전 참 묘 아 위 양 단

- 남전일일(南泉一日)
  선어록에서 자주 보이는 표현법으로 '남전의 어느 날'로 번역.
  '남전산에서의 어느 날' 또는 '남전선사회상에서의 어느 날'이
  라는 뜻.
- 동서양당(東西兩堂)
  남향의 사찰에서 중심 법당 앞쪽의 동쪽과 서쪽에 있는 승당.
  여기서는 '동서 양쪽 승당의 스님들'을 가리킴,

　이런 얘기가 있다. 남전선사 회상에서의 어느 날 동쪽과 서쪽 두 승당의 스님들이 고양이를 두고 다투었다. 남전선사께서 그것을 보시고 드디어 고양이를 집어 들고 말씀하셨다. "한 마디 할 수 있다면 베지 않겠다." 대중이 대꾸가 없었다. 남전선사께서 고양이를 베어 두 동강으로 만들었다.

  남전선사께서 지도하고 계시던 도량에서 어느 날 소란스러운 일이 생겼다. 동서 양쪽의 승당에서 공부하던 스님들이 고양이 한 마리를 두고 다투고 있었다. 설마 제멋대로 오고 가는 고양이를 두고 소유권을 주장하는 것은 아니었을 것이고, 혹시 불성의 존재 유무를 따지기라도 한 것이었을까? 어쨌거나 최고 어른이신 남전선사께서 보게 될 정도로 소란스러웠던 모양이다.

  세상사 소란스러움이야 늘 있는 일이지만, 선지식의 입장에서는 그 소란스러움마저도 그냥 스쳐 보내지를 않는다. 잠시 엉뚱한 일로 시끄럽긴 하지만, 그래도 수행하는 스님들 아닌가. 남전선사께서는 이것을 기회로 후학들에게 공부의 길을 열어보이시려 하셨다. 그래서 문제가 된 고양이를 잡고는 칼을 뽑아든 채로 질문하셨다.

  "자, 소란스럽게 굴지 말고 누구라도 제대로 된 말 한마디 해 봐라. 그러면 이 고양이를 베지 않고 살려 주겠다."

  그러나 어쩌랴. 고양이를 살릴 수 있는 안목을 지닌

이가 없었나 보았다. 하긴 그런 안목이 있었다면 어찌 온 도량을 시끄럽게 했겠는가. 묵묵히 기다리시던 남전선사께서는 그대로 칼을 휘둘러 고양이를 두 동강 내고 말았다. 여기에 무자비하다던가 하는 생각을 일으킨다면 그 즉시 남전선사의 칼에 목숨을 잃을 것이다. 자 어떻게 해야 고양이를 살릴 수 있었을까? 아직도 목이 붙어 있는지 살펴보라.

송(頌)

兩堂俱是杜禪和라
양 당 구 시 두 선 화

撥動煙塵不奈何로다
발 동 연 진 불 내 하

賴得南泉能擧令하야
뇌 득 남 전 능 거 령

一刀兩斷任偏頗로다
일 도 양 단 임 편 파

- **두선화(杜禪和)**

  두(杜)는 두찬(杜撰)을 가리키는 것으로 엉터리라는 뜻. 구양수
  (歐陽修)와 같은 시대의 사람인 두묵(杜默)은 남의 시(詩)를 읊
  는 데는 뛰어났으나 직접 지은 시(詩)는 엉터리였다는 데서 유
  래하는 말.

  선화(禪和)는 선승(禪僧)의 다른 말.

- **연진(煙塵)**

  연기처럼 일어나는 자욱한 먼지

양쪽 승당의 선객들 모두들 다 엉터리라,
자욱한 먼지 일으켰지만 어쩌지를 못하네.
다행히 남전선사 법령을 거행할 수 있어서,
잘못 치우친 주장들 단칼에 두 동강 내었네.

송의 제1구와 제2구에서 "양쪽 승당의 선객들 모두들 다 엉터리라, 자욱한 먼지 일으켰지만 어쩌지를 못하네."라고 설두선사는 갈파하셨다.

동당 서당의 선객들 말없이 오래 앉아 있는 것을 자랑하면 무얼 하랴. 겉모습이야 근사해 보이지만 쉴 줄도 모르고 가릴 줄도 모르는 것을. 부질없이 고요함을 지키려 공력을 낭비하다가, 고양이 한 마리 나타나니 시비 분별이 불길처럼 일어나 버렸다. 아차차! 한 번 분별이 일어나니, 그간의 고요함이 소용이 없구나. 분별은 또 다른 분별을 일으키니, 온 천하가 분별의 먼지로 가득해져 버린다. 옳고 그름을 가리려다 오히려 옳고 그름에 빠져 버린다. 참선수행이란 고요함을 기특하게 생각하지 않는다는 것을 아직 몰랐던가?

그나저나 고양이를 보기는 했는가?

송의 제3구와 제4구에서 설두 노인네는 "다행히 남전선사 법령을 거행할 수 있어서, 잘못 치우친 주장들 단칼에 두 동강 내었네."라고 평을 하셨다.

[illegible] 무엇이가 [illegible]

되틀 [illegible] 앉더니 문득이사 어찌, [illegible] 아름틈이 세워둔 [illegible] 열어 이주 [illegible] 문이 그림이를 [illegible] 깃에 [illegible] 세워 이 [illegible] 그림 모도 둥이틈이 [illegible] 서(線)이 [illegible] 상(像)이 [illegible] 둥이 [illegible] 마른다

이 [illegible] 와 [illegible] 어찌 [illegible]

[illegible] 그림이를 [illegible] 흥을 돐어든가 [illegible] 어찌이 틈 [illegible] 굿이 [illegible] 둥이 [illegible] 그을게 [illegible] 다시 어떠허지도 [illegible]

평소에 제법 공부했다고 으스대던 선객들이 자욱한 먼지 속에 뒹구는 것을, 다행히 천하의 남전선사께서 보시게 되었구나. 이 판국에 어느 편을 거들며 또 어느 편을 나무라겠는가. 그렇게 되면 더욱 어려워지고 만다. 다행히 남전선사께서는 눈이 밝으신 분이셨다. 잽싸게 고양이를 쥐고 칼을 뽑아드니, 백 가지 의견이 일시에 사라지는구나.

자, 이제 누군가 솜씨를 발휘해서 남전선사의 칼을 빼앗고 고양이를 풀어줘야 한다. 하지만 불행히도 그런 솜씨를 지닌 선객이 없구나. 부득이 남전선사의 칼이 빛을 뿌리니, 한 놈만 살아서 가고 나머지는 모두 목이 떨어지고 마는구나.

선(禪)이 무엇인지도 모르고 선사(禪師)의 지혜안목이 어떠한지를 전혀 모르는 이들이, 가끔 자비로운 스님이 고양이를 베어버린다는 것이 말이 되느냐고 제법 똑똑한 체하는 것을 보게 된다. 이는 "돌사자의 울음소리를 들어라!"라고 했더니 돌덩이가 어찌 우느냐고 아는 체하는 놈이나 다름없다.

제64칙

남전문조주
(南泉問趙州)

남전선사께서
조주에게 묻다

"그냥 있는 그대로 그림을 보라.
그리고 함께 기뻐하라."

산 사람이 죽은 이를 따르는가,
아니면 죽은 이가 산 사람을 따르는가?

제64칙은 앞의 제63칙 '남전참묘'에서 바로 이어지는 내용으로 동일한 '남전참묘(南泉斬猫)'로 통하기도 하는데, 제63칙과 구분하기 위해 '남전문조주(南泉問趙州)'로 하였음.

강설(講說)

수행자의 입장에서 우리의 삶은 호흡마다 생사의 갈림길이며, 일반인의 처지에서 나날은 즐거움과 괴로움의 갈림길이 된다. 그러므로 수행자는 한순간도 방심할 수 없는 것이며, 일반인 역시 자신의 삶을 멀리 밀쳐둘 수 없는 것이다.

수행자나 일반인이나 살아있다는 것은 '생각한다'는 의미이다. 수행을 해서 어느 경지에 도달해 보지 않은 사람들은 무념(無念)이라는 용어를 아무 생각도 없는 바위나 고목처럼 된다고 오해하는 경우가 많다. 그래서 '생각'을 하지 않으려는 '생각'에 매달리고 있다.

《《유식론(唯識論)》》에서는 생각에 해당되는 염(念smṛti, sati)이나 사(思cetanā)를 번뇌에 포함되지 않는 심리작용(心所)으로 분류하고 있다. 염(念)은 '지

[illegible] 수의응 [illegible]를 [illegible]를 돌리와이 [illegible]

[illegible]

[illegible]이 [illegible] 마치 [illegible]에서 [illegible]를 가듬이지 [illegible]이다. [illegible] 이슬[illegible]더 [illegible]을 [illegible] [illegible] [illegible]두 [illegible] 있데이며 이 [illegible] [illegible]에 [illegible] [illegible]다.

이 [illegible]고 그 [illegible] 때문에 [illegible] 그렇듯이 [illegible] 그렇다. 마치에 [illegible]들 [illegible]이 [illegible]에서 그 [illegible] [illegible]들 [illegible] 인체이 [illegible]이다. 그 [illegible]를 [illegible](그림)다. [illegible]로 그 [illegible]에 [illegible]지 [illegible] [illegible] [illegible]이다. [illegible]이 [illegible]지 [illegible]를 [illegible] [illegible]에 [illegible] [illegible] [illegible]다. [illegible] [illegible] [illegible] [illegible]이 [illegible]이다.

[illegible] [illegible]을 [illegible] [illegible]이 [illegible]에의 두 [illegible] [illegible]이어 [illegible]다.

[illegible] [illegible]의 [illegible](失常 — mustasumu)을 [illegible](

[illegible]들이 [illegible]는 [illegible]이다. [illegible]에 [illegible]의 [illegible]

[illegible]이 [illegible] [illegible] 조[illegible]. 그렇다고 명(命)과 사(死)가 [illegible], 혹이[illegible], 그려고[illegible]을 좋의며, 사(死)는 이러

속적인 알아차림' '기억작용'을 뜻하며, 사(思)는 의식적인 의지작용을 뜻한다. 그렇다고 염(念)과 사(思)가 깨달음의 지혜라는 뜻은 아니다. 반면에 기억하지 못하는 심리작용인 실념(失念-muṣitasmṛtitā)은 '정념(正念)을 장애하는 번뇌'로 분류되어 있다.

'생각'은 좋은 방향으로도 나쁜 방향으로도 전개될 수 있다. 나쁜 방향으로 전개되는 것을 막는 것이 수행력이다. 부처님이나 선지식들은 해탈하였기에 종일 생각해도 그 생각에 끌려다니지 않고 괴롭지도 않다. 마치 거울 같은 상태인 것이다. 그 상태를 삼매(三昧)라고 한다. 반면에 중생들은 끝없이 생각하면서 그 생각에 끌려다니고 그 생각 때문에 괴로워한다. 그것은 마치 먼지 속에 있는 것과 같다.

한편 '생각하지 않는 상태'는 멍한 상태이며 이 또한 번뇌이다. 책만 보고 이론적으로만 공부하는 사람은 자신이 지향하는 바가 번뇌인지 지혜인지를 구분하지 못한다.

참선 수행은 화두(話頭)라는 철벽을 통과하여 밝고

맑은 지혜의 경지로 나아가는 행위이며, 이를 통해 일
상의 삶이 삼매가 되는 것이다. 그래야만 바깥 경계에
속지도 않고 끌려가지도 않는다. 선사(禪師)들이 보여
주는 것이 바로 이것이다.

본칙(本則)

擧 南泉이 復擧前話하고 問趙州하니 州便
거 남 전　　부 거 전 화　　　문 조 주　　주 변

脫草鞋하야 於頭上戴出이라 南泉云 子
탈 초 혜　　　어 두 상 대 출　　　남 전 운 자

若在런들 恰救得猫兒러니라
약 재　　　흡 구 득 묘 아

- 자(子)

  상대를 존중해서 호칭할 때 사용함. 자네, 그대 등의 뜻.

- 흡(恰)

  꼭, 반드시.

이런 얘기가 있다. 남전선사께서 앞의 얘기
(고양이를 벤 것)를 다시 거론하여 조주스님
에게 물었더니, 조주스님이 곧바로 짚신을 벗
어서 머리 위에 이고 나가버렸다.
　남전선사께서 말씀하셨다. "자네가 만약 있
었더라면 틀림없이 고양이를 구할 수 있었을
텐데."

・ **짚신을 벗어서**
중국은 침상 생활을 하기에 신을 신고 방에 드나들기 때문에
방 안에서 짚신을 벗었다는 표현이 나왔음.

 그 스승에 그 제자라는 말이 이를 두고 하는 말이다. 낮에 고양이소동이 벌어졌을 때는 출타하여 없었던 제자 조주스님이 돌아와 스승 남전선사께 인사를 여쭈자, 남전선사께서 낮의 소동을 들려주며 "자네라면 뭐라고 했겠는가?"하고 물으셨다. 그러자 조주스님은 아무 말도 하지 않고 짚신을 벗어서 머리에 이고 나가 버렸다.

 이 도리를 알겠다고 신을 벗어서 머리에 이는 어쭙잖은 짓거리 따위를 해서는 안 된다. 그랬다가는 머리가 진흙에 처박힐 것이다.

 이런 조주스님의 행동을 본 남전선사가 한 마디 하셨다. "그때 자네가 있었더라면, 그 고양이는 틀림없이 살았을 터인데… 쯧쯧."

 남전선사께서는 슬퍼하셨을까, 아니면 기뻐하셨을까? 함부로 말을 뱉었다가는 남전선사의 칼이 혀를 자를 것이다.

송(頌)

公案圓來問趙州하니
공 안 원 래 문 조 주

長安城裏任閑遊로다
장 안 성 리 임 한 유

草鞋頭戴無人會하니
초 혜 두 대 무 인 회

歸到家山卽便休로다
귀 도 가 산 즉 편 휴

- **공안원래(公案圓來)**

  남전스님이 다투던 스님들에게 내었던 문제를 그대로 설명함.

- **장안성(長安城)**

  당나라의 수도.

문제 빠짐없이 설명하고 조주에게 물으니,
장안성 안에서 마음대로 한가로이 노니네.
짚신 머리에 인 것을 아는 사람이 없으니,
고향산천으로 돌아가서 곧 편히 쉬는구나.

설두 노선사가 송의 제1구와 제2구에서 "문제 빠짐없이 설명하고 조주에게 물으니, 장안성 안에서 마음대로 한가로이 노니네."라고 하여 스승 남전선사와 제자 조주스님의 멋진 모습을 펼쳐 보였다.

아주 멋진 그림 하나가 펼쳐졌다. 스승 남전선사께서 무대를 만들어 주시니, 제자 조주스님이 한바탕 멋들어진 춤사위를 펼쳐 보였다. 이보다 더 멋진 춤이 또 어디 있을까? 이 춤사위를 제대로 보는 이라면, 정월 초하루에 체한 것이 섣달그믐에 뻥 뚫리듯 속이 시원해질 것이다. 여기에는 다툼도 없고 승패도 없다. 죽는 놈도 없고 사는 놈도 없다. 그저 서울 한복판에서 어깨춤을 추며 멋지게 한바탕 놀면 될 뿐이다.

송의 제3구와 제4구에서 설두 노인네는 "짚신 머리에 인 것을 아는 사람이 없으니, 고향산천으로 돌아가서 곧 편히 쉬는구나."하여 두 손을 펴 보이셨다.

아무리 아름다운 그림이라도 알아보지 못하면 휴지나 다름이 없다. 어떤 이는 그림을 분석하느라 즐겁기

가 다름이 없다. 어째 이는 그림을 [illegible]
[illegible] 그림이라[illegible] 놓여서 눈의 [illegible]
[illegible] 것이었다.

[illegible]
[illegible]
[illegible]
[illegible]
[illegible]
[illegible]
[illegible]
[illegible]
[illegible]

는커녕 머리만 아프다고 아우성이다. 또 어떤 이는 그림의 재료가 어떻고 구도가 어떻고 야단이다.

그냥 있는 그대로 그림을 보라. 그리고 함께 기뻐하라. 만약 그럴 만한 이가 없다면 그림을 걷어 집에 돌아가 잠이나 자면 된다.

만약 그림을 알아보는 이가 있다면 그는 어떻게 할까? 싱긋 웃고는 그림도 팽개치고 고향산천으로 돌아가 버린다.

제65칙

세존 양구
(世尊良久)

세존의 침묵

“어떤 말은 채찍 그림자만 보고도
주인 뜻 알아챈다”

텅 빈 기원정사의 여래향실에서
부처님 사자후를 듣는가!

자기의 본성을 바로 보아 제대로 쓸 수만 있다면, 어느 때 어느 곳에 있어도 부족함이 없을 것이다. 굳이 애를 쓰지 않아도 모든 일을 자연스럽게 처리할 수 있게 된다.

자질이 뛰어난 사람이라면 팔만대장경을 다 살피지 않아도 깨달음에 이를 것이다. 그렇게만 되면 어떤 사람이 오더라도 잘 지도하고 이끌 수 있을 것이다.

하지만 그 정도로 자랑하지 말라. 먼지 뒤집어쓰고 걷고 있는 석가 노인의 걸음을 따라잡으려면 까마득하다.

강설(講說)

본칙(本則)

擧 外道問佛호대 不問有言하고 不問無
거 외도문불   불문유언   불문무

言하노이다 世尊이 良久어시늘 外道讚歎云
언   세존   양구   외도찬탄운

世尊께서 大慈大悲로 開我迷雲하사 令我
세존   대자대비   개아미운   영아

得入이니이다 外道가 去後에 阿難問佛호대
득입   외도   거후   아난문불

外道가 有何所證이관대 而言得入이닛고 佛
외도   유하소증   이언득입   불

云 如世良馬가 見鞭影而行이니라
운 여세양마   견편영이행

- **외도(外道)**

  불교 외의 종교나 가르침.

- **양구(良久)**

  문답을 하던 중에 일부러 말을 하지 않고 침묵하는 것.

- **양마견편영이행(良馬見鞭影而行)**

  『잡아함경(雜阿含經)』 33에 부처님께서 말을 예로 들어 말씀하신 법문이 있다. 그 내용을 정리하면 다음과 같다.

  〈말에 네 종류가 있다. 첫 번째 말은 채찍의 그림자만 보고도 주인의 뜻을 알고 움직인다. 두 번째 말은 채찍이 털에 스치기만 하면 주인의 뜻을 알고 움직인다. 세 번째 말은 살에 채찍이 떨어져야 비로소 주인의 뜻을 알고 움직인다. 네 번째 말은 채찍이 뼛속까지 느껴져야 비로소 알아챈다.

  수행자도 네 종류가 있다. 첫 번째는 다른 마을의 무상한 일을 듣고 세상 싫어하는 마음을 내고, 두 번째는 자기 마을의 무상한 일을 듣고 세상 싫어하는 마음을 내며, 세 번째는 어버이의 무상한 일을 듣고서 세상 싫어하는 마음을 내고, 네 번째는 자기 몸에 병이 나서 고통스러울 때 비로소 세상 싫어하는 생각을 낸다.〉

　이런 얘기가 있다. 외도가 부처님께 여쭈었
다.

　"말로도(有言) 묻지 않고, 말 없는 것(無言)
으로도 묻지 않겠습니다."

　세존께서 잠자코 계시자, 외도가 찬탄하며
말씀드렸다.

　"세존께서 대자대비로 저의 혼미한 구름을
여시어 저를 깨달음에 들게 하셨습니다."

　외도가 물러간 뒤에 아난이 부처님께 여쭈
었다.

　"외도가 어떤 깨달음이 있었기에 그렇게 깨
달음에 들었다고 말했습니까?"

　부처님께서 말씀하셨다.

　"세상의 훌륭한 말이 채찍그림자를 보고 가
는 것과 같으니라."

　깨달음은 부처님의 가르침을 많이 듣고 기억하고 있다고 되는 것일까? 물론 그럴 수도 있다. 하지만 깨달음은 사실 노력한 시간이나 알고 있는 양에 반드시 비례하지는 않는다.

　부처님의 제자가 아닌 다른 학파에 속한 수행자(外道)가 부처님을 찾아와서 심각한 질문을 던졌다. "말로 설명할 수 있는 것도 아니고, 말로 설명할 수 없는 것도 아닌 경지에 대해 가르쳐 주시겠습니까?"

　자 이제는 말을 해도 어긋나고 말을 하지 않아도 어긋나게끔 되고 말았다. 하지만 이 질문은 언어의 유무(有無)를 따지고 있는 것이 아님을 잘 아시는 부처님께서는 한참을 가만히 계셨다. 그러자 찾아온 외도(外道)는 부처님께서 자기의 어리석음을 걷어주시어 깨달음에 들게 하셨다고 찬탄을 하고 떠났다. 이 얼마나 아름다운 일인가.

　하지만 처음부터 모든 것을 지켜보았고, 모든 대화를 다 들었던 부처님의 제자 아난은 이 상황이 이해가 되지를 않았다. 외도는 무엇을 물었으며, 세존은 무엇을

가르쳐 주셨는가? 외도는 도대체 무엇을 깨달았다는 것인가? 부처님의 법문을 가장 많이 들었고 항상 곁에서 모시고 다녔던 아난에게는 조금 전의 상황이 수수께끼와 같았다.

 이것에 대한 답은 팔만대장경을 다 살펴도 없다. 그럼 어쩌란 말인가? 양손의 것을 놓아버리고, 머리의 것도 버려야 한다. 그림자를 보고 움직이는 것도 이미 늦었다.

機輪曾未轉하니
기 륜 증 미 전

轉必兩頭走라
전 필 양 두 주

明鏡忽臨臺에
명 경 홀 임 대

當下分姸醜로다
당 하 분 연 추

姸醜分兮迷雲開여
연 추 분 혜 미 운 개

慈門何處生塵埃오
자 문 하 처 생 진 애

因思良馬窺鞭影하노니
인 사 양 마 규 편 영

千里追風喚得回라
천 리 추 풍 환 득 회

喚得回하면 鳴指三下하리라
환 득 회　　명 지 삼 하

송(頌)

[illegible]
[illegible]
[illegible]
[illegible]
[illegible]
[illegible]
[illegible]
[illegible]

- **기륜(機輪)**

  기틀의 바퀴. 마음(機)의 활동(輪)

- **양두(兩頭)**

  유(有)와 무(無)의 두 견해

- **당하(當下)**

  어떤 일을 당하는 그 때나 그 자리. 곧바로.

- **추풍(追風)**

  진(秦)나라 시황제(始皇帝)의 애마(愛馬) 이름.

- **명지(鳴指)**

  탄지(彈指)와 같은 뜻. 손가락을 튕김.

마음 작용 이제껏 굴리지 않았으니,
굴리면 반드시 두 갈래로 달리리라.
밝은 거울이 문득 대에 걸리니,
바로 아름다움과 추함을 밝히네.
미와 추를 밝혀 미혹구름 걷힘이여!
자비의 문 어디에 티끌이 일겠는가.
좋은 말 채찍그림자 엿봄 생각해 보니,
천리마인 추풍은 부르면 돌아온다네.
불러 돌아온다면, 손가락 세 번 튕기리라.

  설두선사는 송의 제1구와 제2구에서 "마음 작용 이제
껏 굴리지 않았으니, 굴리면 반드시 두 갈래로 달리리
라."고 하여 상대적인 것에 떨어짐을 경계하였다.

  마음의 근본자리, 만법의 근본자리를 누가 과연 지금
이라도 설명할 수 있겠는가. 설명할 수 있다면 그것은
이미 근본이 아니다.

  제3구와 제4구에서 설두 노인네는 "밝은 거울이 문
득 대에 걸리니, 바로 아름다움과 추함을 밝히네."라
고 하여 큰 지혜를 언급하였다. 거울은 보려는 생각도
없고 비추려는 의지도 없으나 앞에 미인이 오면 미인
을 보여주고, 추한 이가 오면 추한 대로 보여준다. 그
러나 거울은 추하다고 멀리하지도 않고 예쁘다고 붙잡
지도 않는다. 다만 있는 그대로를 비춰 보여줄 뿐이다.

  설두선사는 "미와 추를 밝혀 미혹구름 걷힘이여! 자
비의 문 어디에 티끌이 일겠는가."하여 비밀을 노출했
다. 크고 원만한 거울 같은 부처님 앞에 서면 스스로

자신을 보게 된다. 허물을 보게 되면 스스로 허물을 떨쳐 버릴 것이고, 잘난 모습을 보았다면 잘났다는 것을 내려놓을 것이다. 그것이 부처님의 대자대비이다. 하지만 대자대비라는 것도 외도가 떠든 허물일 뿐이다. 본래 없던 미혹의 구름이 걷힘은 무엇이며, 깨달았다는 것은 또 무슨 허망한 말인가. 크고 원만한 거울에는 대자대비도 없다.

설두 노인네는 "좋은 말 채찍그림자 엿봄 생각해 보니, 천리마인 추풍은 부르면 돌아온다네." 하였다. 아난이여! 무엇을 보고 무엇을 들었단 말인가. 어찌 부처님께서 훌륭한 말이 채찍의 그림자에 움직인다는 말까지 하시게 하였는가. 추풍아, 추풍아! 불러도 풀 뜯어 먹느라 달려올 줄 모르는구나.

설두선사는 마지막으로 "불러 돌아온다면, 손가락 세번 튕기리라."고 하여 다시 자비를 베풀었다. 참으로 깨달았다면 즉시 발자국을 남기지 않고 떠날 것이며, 떠났다면 부른다고 돌아보지 말라. 영리한 놈은 돌아보다가 얻어맞는 것이다.

암두 황소과후
(巖頭黃巢過後)

암두스님의
황소의 난 후

"독사의 독으로
수많은 중환자를 살린다?"

키질 제80굴의 벽화.
수행자가 뱀을 좋아하여 스승의 충고도
무시하고 키우다가 물려 죽었다.
도(道)를 잘못 다루면 이 독사보다 훨씬 위험하다.

 선지식이란 어떤 상황에서도 담담하고 당당하다. 드세게 밀고 들어오면 슬쩍 함정으로 몰아넣어 버리고, 노골적으로 치고 들어오면 단숨에 제압해 버리며, 슬그머니 비틀고 들어오면 그냥 던져 버린다.

 밝고 긍정적이어야 할 때는 밝고 긍정적으로 대하고, 엄하고 차갑게 대할 때는 엄하고 차갑게 대한다. 놓을 때는 다 놓아버리기도 하고, 거둘 때는 흔적도 없이 완전히 거두기도 한다.

 도(道)는 독사와도 같다. 섣불리 건드리면 제가 목숨을 잃고, 완전히 가지고 놀 정도가 되면 독사의 독으로 수많은 중환자를 살린다. 그 정도 되어야 선지식이라고 할 수 있을 것이다.

암두 전활(巖頭全豁, 828~887)선사는 당대(唐代)의 선승이다. 천주(泉州) 출신으로 청원 의공(淸原誼公)스님을 은사로 출가하였고, 앙산 혜적(仰山慧寂)선사에게 참학하였다. 이후 덕산 선감(德山宣鑑)선사의 법제자가 되었다. 동정호반(洞庭湖畔)의 와룡산(臥龍山)에 은거했지만 후학들이 찾아오자 가르침을 폈다. 암두(巖頭)는 주석한 사찰 이름이다. 시호(諡號)는 청엄대사(淸儼大師).

본칙(本則)

擧 巖頭問僧호대 什麽處來오 僧云 西京
來니다 頭云 黃巢過後에 還收得劍麽아
僧云 收得이니다 巖頭引頸近前云호대 囝
라하니 僧云 師頭落也니다 巖頭呵呵大笑
하다 僧이 後到雪峰하니 峰問 什麽處來오
僧云 巖頭來니다 峰云 有何言句오 僧擧
前話하니 雪峰이 打三十棒趕出하다

- 서경(西京)

  지금의 서안(西安–시안) 산시성(陝西省섬서성)의 성도, 옛날에는 서경 또는 장안(長安)으로 불렸음.

- 황소(黃巢)

  당말 조주(曹州) 원구(冤句) 사람. 당(唐) 희종(僖宗) 건부(乾符) 2년(875) 왕선지(王仙芝)가 반란을 일으키자 그도 무리를 모아 호응했다. 5년(878) 왕선지가 전사하자 전군을 통솔하였다. 어느 날 길에서 칼 한 자루를 주웠는데, '천사황소(天賜黃巢)'라는 글자가 새겨져 있었다. 이에 스스로 충천대장군(衝天大將軍)이라 칭하면서 왕패(王覇)로 건원했다. 여러 전투에서 대승하였고, 낙양과 동관(潼關)을 함락하고 장안(長安)에 입성하여 스스로 황제에 올라 국호를 대제(大齊), 연호를 금통(金統)이라 했다. 884년 장안에서 철수하여 채주(蔡州)를 함락하고 진주(陳州)를 포위했지만 3백 일 동안 함락시키지 못했다. 이후 여러 차례 전투에서 패하고 다음 해 태산(泰山) 낭호곡(狼虎谷)까지 쫓기자 결국 자결했다

이런 얘기가 있다.

암두선사께서 찾아온 스님에게 물었다. "어느 곳에서 왔는가?"

그 스님이 답하였다. "서경에서 왔습니다."

암두선사께서 말씀하셨다. "황소의 난이 끝났으니 검을 얻어 왔는가"

그 스님이 답하였다. "얻었습니다."

암두선사께서 목을 쑥 내밀며 "자!"하고 외치시니, 그 스님이 "선사님의 머리가 떨어졌습니다."라고 말하였다.

암두선사께서 껄껄대며 크게 웃으셨다.

그 스님이 뒷날 설봉선사께 갔다.

설봉선사께서 물었다. "어디에서 왔는가?"

그 스님이 답하였다. "암두선사님 계신 곳에서 왔습니다."

설봉선사께서 말씀하셨다. "어떤 말씀을 하시던가?"

그 스님이 암두선사와의 대화를 말씀드렸더니, 설봉선사께서 삼십 방망이를 쳐서 내쫓아 버렸다.

　한 스님이 찾아오자 암두스님께서 시험의 말씀을 던지셨다. "어디에서 왔는가?" 눈 밝은 이는 대개 여기서부터 달라지지만, 이 스님은 그저 단순하게 '서경에서 왔습니다.'하고 답하였다.

　암두스님께서 두 번째 시험의 질문을 하셨다. 내용은 얼마 전에 끝난 '황소의 난' 얘기였다. 이것은 당시 사람들 입에 오르내리던 관심사였다. 암두스님은 그 가운데서도 황소가 길에서 주웠다던 보검 얘기를 꺼내셨다. "모두들 황소가 하늘에서 내린 보검을 주웠다고들 하더니만, 그래 황소가 죽고 난 지금 자네는 그 보검을 주워왔는가?" 이 질문에는 깊은 함정이 있다. 과연 피할 수 있을까?

　역시 바로 함정에 빠졌다. "주워 왔습니다." 이제 함정에서 꺼내 주려는 암두스님의 시도이다. 그 보검을 사용해 보라는 듯 목을 쑥 뽑아 내밀고는 고함을 꽥 질렀다. 하지만 이 스님 깊은 꿈속이다. "스님의 머리가 떨어졌습니다."하고 호기를 부렸다. 아니, 제 머리는 어쩌고? 암두스님께서 다시 한번 자비를 베푸셨다. 껄

껄 웃는 그 웃음소리에 깨어났어야 했는데….

 이 스님이 훗날 암두스님의 사제인 설봉스님을 찾아
갔다. 그리고는 암두스님과의 대화를 그대로 녹음기
처럼 되풀이해서 말하였다. 설봉스님은 더 자비로운
방법을 사용하였다. 사정없이 두들겨 패서 내쫓아 버
렸다. 아직도 자신이 왜 맞았는지를 모르고 있으려나?

黃巢過後曾收劍하니
황 소 과 후 증 수 검

大笑還應作者知로다
대 소 환 응 작 자 지

三十山藤且輕恕라
삼 십 산 등 차 경 서

得便宜是落便宜니라
득 편 의 시 락 편 의

- 산등(山藤)

  산등나무. 산등나무 몽둥이.

- 편의(便宜)

  상거래상의 이익.

황소의 난 지난 뒤 거듭 검을 주웠다니,
껄껄댄 웃음 응당 선지식이라야 알리라.
서른 번 몽둥이질 또한 가벼운 용서니,
이익을 본 것이 곧 손해를 본 것이라네.

설두선사는 제1구에서 "황소의 난 지난 뒤 거듭 검을 주웠다니,"라고 잘못을 짐짓 나무랐다.

영리한 놈은 꼭 영리함 때문에 함정에 빠진다. 황소의 검을 언급한 자체가 함정인 줄도 모르고 곧바로 주웠노라고 답을 하고 말았다. 자신의 검을 써도 부족할 터인데, 하물며 이미 소용이 없어진 남의 검이야 더 말해서 무얼 하겠는가.

설두 노인네는 제2구에서 "껄껄댄 웃음 응당 선지식이라야 알리라."라고 하여 암두스님의 웃음이 평범한 것이 아님을 알렸다.

암두선사가 껄껄대고 웃은 까닭이 무엇일까? 두 번째의 자비였다. "검을 주워 왔느냐?"하는 함정에 상대가 떨어져 버리자 첫 번째 자비를 베풀었다. '그럼 내 목을 한번 쳐 봐라'하고 목을 빼고 꽥 고함을 질렀더니, 이 멍청한 친구 제 목 달아난 줄도 모르고 "스님의 머리가 떨어졌습니다."하고 잠꼬대를 늘어놓았다. 그래서 껄껄 웃어서 자비를 베풀었는데, 안타깝게도 잠을

깨지 못하고 말았다.

　설두스님은 제3구와 제4구에서 "서른 번 몽둥이질 또한 가벼운 용서니, 이익을 본 것이 곧 손해를 본 것이라네."라고 하여 안타까워했다.
　설봉스님이 몽둥이질을 하고는 쫓아내 버렸는데, 그렇게 용서를 하면 어떻게 하는가. 아예 죽였어야 다시 태어나던가 하지.

　아~ 이것을 어찌할까나. 암두스님과 설봉스님이 자신들의 솜씨를 뽐내기는 하였지만, 결국 그 선객을 꿈에서 깨게 하지 못했으니 헛수고만 하고 말았다. 얻은 것 없이 애만 쓰고 말았네. 쯧쯧!

제67칙

부대사 휘안
(傅大士揮案)

부대사가 경상을 치다

"부대사의 금강경 강의가 끝났습니다"

제8강

부자세가 휴심
(豪衛十大家)

부자세가 형영을 지며

"부자세가 듬개형 영의가 뜯장습니다."

텅 빈 기원정사의 여래향실에서 석존의 금강경을 듣는 자라면
부대사의 설법이 어렵지 않을 것이다.

강설(講說)

　양무제(梁武帝)는 양(梁)나라의 황제 소연(蕭衍, 464년~549년)이다. 중국 남조 양의 초대 황제(재위 : 502년-549년)로 묘호는 고조(高祖)이고 시호는 무제(武帝)이다. 남조 최고의 명군으로 칭송받았다. 치세 48년 동안 내정을 정비하여 구품관인법을 개선하고, 불교를 장려하여 국내를 다스리고 문화를 번영시켰다. 대외관계도 비교적 평온하여 약 50년간 태평성대를 유지하여 남조 최전성기를 보냈다.

　양무제는 네 번(혹은 세 번)이나 동태사(同太寺)에 출가를 하려고 하였는데, 그때마다 승복을 입고 절에서 수행 생활을 하였기에 ‘황제보살(皇帝菩薩)’ 또는 ‘불심천자(佛心天子)’로 불렸다. 동태사는 양무제가 서기 527년에 건립한 사찰로 지금의 남경(南京) 계명사(鷄鳴寺)다. 양무제는 거의 매일 이 절에 가서 나라의 앞날을 위해 예불을 드렸고, 가장 오래 출가생활을 한 것은 37일이었다고 한다. 잠깐씩 출가라는 형태를 취하여 불교를 크게 일으키고자 하는 목적이 아니었나 생각된다.

　부대사(傅大士, 497~569)는 양(梁)나라에서 진(陳)나라에 걸쳐 살았던 거사(居士)이다. 존칭으로 부대사라고 하는데, 이때의 대사(大士)는 보살의 별칭이다. 절강성(浙江省)의 동양(東陽) 출신으로 성(姓)은 부(傅), 이름은 흡(翕), 자(字)는 현풍(玄風), 호는 선혜(善慧)라고 하였다. 쌍림대사(雙林大士) 또는 동양대사(東陽大士)라고도 하였다. 16세에 혼인하여 두 아들을 두었으나, 24세에 서역(西域)에서 온 숭두타(嵩頭陀) 스님을 만나 가르침을 받고 동양(東陽)의 송산(松山)에 은거하여 수행하였다. 534년에 입궐하여 양무제(梁武帝)에게 설법하고, 칙명으로 종산(鍾山) 정림사(定林寺)에 머무르니 학인들이 운집하였다. 540년에 송산에 쌍림사(雙林寺)를 창건하고 머물면서 후학들을 지도하였다.『금강경오가해』의 게송을 보면 부대사는 선(禪)과 유식(唯識)의 대가인데, 유식을 전공한 이가 아니면 해석을 하기가 쉽지 않다. 그래서인지 부대사의 게송은 번역만 있고 해석을 찾아보기 어렵다.

지공(志公, 誌公)스님은 원래 금릉 보지(金陵寶誌, 418~514)화상이시다. 어려서 출가하여 강소성(江蘇城) 건강(建康) 도림사(道林寺)에서 선정(禪定)을 닦았다. 양나라 무제의 스승이다. 『대승찬(大乘讚)』을 지어 양무제에게 바쳤으며, 달마대사와 양무제 사이에서 인연을 맺게 하려고 애썼다. 입적 후 내려진 시호(諡號)로 광제대사(廣濟大師), 묘각대사(妙覺大師), 도림진각(道林眞覺), 자응혜감(慈應慧感), 보제성사(普濟聖師), 일제진밀(一際眞密) 등이 있다. 저서로는 『문자석훈(文字釋訓)』30권과 『십사과송(十四科頌)』14수, 『십이시송(十二時頌)』12수, 『대승찬(大乘讚)』10수 등이 있다.

본칙(本則)

擧 梁武帝가 請傅大士하야 講金剛經할새
거 양무제 청부대사 강금강경

大士便於座上에 揮案一下하고 便下座
대사변어좌상 휘안일하 변하좌

라 武帝愕然커늘 誌公이 問陛下還會麼아
무제악연 지공 문폐하환회마

帝云 不會라 誌公云 大士講經竟호이다
제운불회 지공운 대사강경경

　이런 얘기가 있다. 양무제가 부대사를 청하여 금강경을 강의하게 하였다. 부대사가 법좌 위에서 문득 경상을 한번 내리치고는 곧바로 법좌를 내려왔다. 무제가 깜짝 놀랐다.

　지공스님이 "폐하 아시겠습니까?"하고 물었더니, 무제가 "모르겠습니다."하고 답했다.

　지공스님이 "부대사의 금강경 강의가 끝났습니다."고 하였다.

　아무리 경전을 잘 설파한다고 듣는 사람이 다 아는 것은 아니다. 예전이나 지금이나 여전히 자신의 알음알이(지식) 자랑하려 드는 사람이 많기 때문이다.

　여기 부대사는 양무제를 대단히 높게 대접했다. 하긴 걸핏하면 절에 가서 가사를 두르고 있을 만큼 건방을 떠는 황제니 본보기를 보여주는 것도 좋으리라. 평소에 입만 벌리면 경전의 구절을 말하던 양무제에게 자상하게 설명한다고 무슨 이익이 있겠는가. 금강경의 핵심이야 말로만 드러낼 수 있는 것이 아니다. 오히려 번다한 언어를 떠나 간결한 초월적 언어를 보여주는 것도 좋으리라. 그래서 부대사가 보여준 것은 경상을 한번 내리친 것이었다. 그리고는 내려와 버렸다. 참 좋다.

　눈이 휘둥그레진 양무제. 그 꼴이라니…쯧쯧.

　지공스님께서 아주 친절하게 "알았습니까?"하고 물었다. 양무제는 솔직하게 고백하고 말았다. "모르겠습니다." 그런데 지공스님은 참 친절하시다. "부대사의 금강경 강의가 끝났습니다." 정말 좋다. 참 친절하시다. 여기에 말을 보탰다면 양무제를 데리고 지옥으로 곧장 들어갔을 것이다. 이것이 선지식들의 친절이다.

不向雙林寄此身하고
불 향 쌍 림 기 차 신

却於梁土惹塵埃로다
각 어 양 토 야 진 애

當時不得誌公老런들
당 시 부 득 지 공 로

也是栖栖去國人이니라
야 시 서 서 거 국 인

- **쌍림(雙林)**

  부대사가 살던 곳.

- **야진애(惹塵埃)**

  티끌 먼지를 일으키다. 부대사가 금강경 법문을 한 것.

- **서서(栖栖)**

  아주 급한 모양.

- **거국인(去國人)**

  달마대사.

머물던 쌍림사에 그 몸 의탁하지 않고
도리어 양나라에서 티끌 먼지 일으켰네.
당시에 지공 노인네를 만나지 못했다면
그 역시 바삐 나라 떠난 사람 되었으리.

강설(講說)

설두선사는 제1구와 제2구에서 "머물던 쌍림에 그 몸 의탁하지 않고, 도리어 양나라에서 티끌 먼지 일으켰네."라고 부대사가 양나라 왕궁에 와서 금강경 법문한 것을 평했다.

쌍림사는 부대사가 창건하여 머물던 사찰이며, 또한 본래면목의 경지이기도 하다. 자비심을 펼치기 전이라면 그저 적멸한 상태로 지내는 것이지만, 그러나 선지식에게서 자비심이 없어서 그런 것은 아니다. 선지식은 적멸과 지혜와 자비를 원만히 갖추고 있다. 그러므로 먼지 뒤집어쓰는 것쯤을 겁내지 않는다. 왜냐하면 부대사가 양무제의 청으로 법상(法床)에 올라 경상(經床)을 내리친 것도 본래의 자리에서 보자면 먼지를 일으킨 것이기 때문이다. 그러나 스스로 잘 알면서 짐짓 그렇게 하는 것이 바로 대자비이다.

설두 노인네는 송의 제3구와 제4구에서 "당시에 지공노인네를 만나지 못했다면, 그 역시 바삐 나라 떠난 사람 되었으리."라고 하여 지공화상으로 인해 부대사의 기이한 법문이 빛을 발하게 되었음을 밝혔다.

 부대사가 대자비심을 발하여 스스로 티끌 먼지를 뒤집어쓰면 뭘 하겠는가. 근본도리에서 보자면 양무제는 까막눈이고 귀머거리인 것을. 만약 지공화상이 그 자리에서 "부대사가 금강경을 설법하여 마쳤습니다."라고 자기 일처럼 밝히지 않았다면, 양무제뿐만 아니라 세상 사람들이 모두 부대사를 괴이한 사람으로 취급하고 말았을 것이다. 그러니 달마대사가 양무제를 만난 이후 아무 소득 없이 서둘러 양나라를 떠나 위나라로 가버렸던 것처럼, 부대사도 또한 그러했을 것이다.

제68칙

앙산문삼성
(仰山問三聖)

앙산선사가 삼성에게 묻다

"절정의 고수들이 겨루는 모습은
멋지고 아름답다"

마음으로 서로 통하지 못한다면,
어찌 어진 스승에 지혜로운 제자라고 하겠는가!

  세상에서 굳게 믿고 있는 상식 따위를 단번에 무너뜨리고, 모든 사람들이 목숨보다 귀하게 여기는 것을 돌처럼 버리는 사람이 있다. 모두가 벌벌 떨며 두려워하는 일을 단숨에 처리해 버리고, 세상이 다 속는 사기꾼을 단번에 가려내는 사람이 있다.

  이렇게 되려면 어떤 사상이나 가치관에도 휩쓸리지 않는 자유로운 영혼이어야 하고, 논리나 체계에 갇히지 않고 곧바로 행동할 수 있는 사람이어야 한다. 이런 사람은 어떤 말을 해도 곧바로 핵심을 파악하여 알맞게 답을 하고, 어떤 행위를 만나더라도 한 치도 어긋남이 없이 대응한다.

  자, 누가 과연 이럴 수 있단 말인가?

앙산 혜적(仰山慧寂, 803~887)선사는 당대의 걸승으로 앙산에 주석하였기에 법호가 되었다. 소주(韶州) 출신으로 17세에 출가하면서 손가락 두 개를 자르며 서원을 세우고 삭발하였다. 탐원 응진(耽源應眞)선사와 위산 영우(潙山靈祐)선사의 지도를 받았으며, 위산선사의 법을 이었다. 위산선사와 앙산선사를 잇는 문파를 위앙종이라고도 한다. 원주(袁州)의 대앙산(大仰山)에 오래 주석하셨고, 동평산(東平山)에서 입적하셨다.

삼성화상은 진주(鎭州) 삼성원(三聖院)의 혜연화상(慧然和尙)이며, 임제선사(臨濟禪師, ?~867)의 법제자이다. 임제선사를 17년간 모셨으며, 『임제록(臨濟錄)』을 편집했다. 이제선사께서 입적(入寂)하려 하실 때에 "내가 간 뒤 나의 정법안장(正法眼藏)이 없어지지 않게 하라."고 하시자, 꽉 고함을 질렀다고 전한다. 생몰연대는 밝혀지지 않았다.

擧 仰山이 問三聖호대 汝名이 什麼오 聖
거 앙산 문삼성 여명 십마 성

이 云 惠寂이니다 仰山云 惠寂은 是我라 聖
운 혜적 앙산운 혜적 시아 성

云 我名은 惠然이니다 仰山이 呵呵大笑하다
운 아명 혜연 앙산 가가대소

이런 얘기가 있다.

앙산선사께서 삼성스님에게 물었다. "자네 이름이 무엇인가?"

삼성스님이 답하였다. "혜적입니다."

앙산선사께서 말씀하셨다. "혜적은 내 이름이야."

삼성스님이 말하였다. "제 이름은 혜연입니다."

앙산선사께서 껄껄대며 크게 웃으셨다.

무심한 듯 던지는 말이 때로는 털을 자르는 검이 되기도 하고 용을 잡는 그물이 되기도 한다. 앙산선사의 질문이 바로 그러하다. "자네 이름이 무엇인가?" 여기에 걸려들면 큰 낭패를 당한다. 최고의 방어는 곧 공격이다. 삼성스님은 앙산선사의 칼자루와 그물을 잽싸게 낚아채 버렸다. 앙산선사의 법명을 댄 것이다.

공격이 용이치 않자 헛다리 짚듯이 상대를 유인하는 앙산선사의 솜씨가 놀랍다. 하지만 삼성스님은 운이 좋아 칼과 그물을 뺏을 수 있었던 것이 아니었다. 헛다리 짚는 것을 대응하는 것은 자신도 헛다리 짚는 솜씨를 보이는 것이다. 앙산선사가 혜적이 자기 이름이라고 밝히자 삼성스님도 자기 이름 혜연을 밝혔다.

어느 순간 먹구름이 몰려오고 광풍이 이는 듯 했으나 앙산선사의 껄껄대며 웃으시는 큰 소리에 하늘은 어느덧 본래의 모습으로 돌아가 있다.

참 좋다. 세상에는 이런 맛이 있는 것이다. 그러나 다 맛보는 것은 아니다.

[illegible]

[illegible]

[illegible]

[illegible]

金(公)

雙收雙放若爲宗고
쌍 수 쌍 방 약 위 종

騎虎由來要絶功이로다
기 호 유 래 요 절 공

笑罷不知何處去오
소 파 부 지 하 처 거

只應千古動悲風이로다
지 응 천 고 동 비 풍

- **쌍수쌍방(雙收雙放)**

  서로 거두고 서로 놓아주다. 수(收)와 방(放)은 선어록에서 많이 사용하는 용어로 파주(把住-잡아 둠)와 방행(放行-풀어 놓음)이라는 용어와 같다. 중국의 선원에서는 금전이 들어오는 것을 파(把)라 하고 나가는 것을 방(放)이라고 하였다. 수(收) 또는 파주(把住)는 선문답에서 부정과 평등을 나타내는 경우이고, 방(放) 또는 방행(放行)은 선문답에서 긍정과 차별을 드러내는 경우이다.

- **약위(若爲)**

  여하(如何) 즉 어찌, 어떻게, 무엇 등의 뜻으로 쓰이는 말로 한시(漢詩)에 많이 보이며, 당대(唐代)와 송대(宋代)에 많이 사용된 속어(俗語)이다.

- **유래(由來)**

  본래부터, 애당초.

- **천고(千古)**

  아주 오랜 세월. 영원히.

- **비풍(悲風)**

  쓸쓸하고 슬픈 느낌을 주는 바람. 적막한 바람. 탄식의 바람.

서로 거두고 서로 놓아줌은 어떤 종지인가?
호랑이 타려면 본디 절정의 공력이라야 하지.
껄껄댄 큰 웃음 어디로 갔는지 알지 못하니
다만 오래도록 탄식의 바람만 일게 했구나.

설두선사는 제1구와 제2구에서 "서로 거두고 서로 놓아줌은 어떤 종지인가? 호랑이 타려면 본디 절정의 공력이라야 하지."라고 하여 두 스님의 문답이 참으로 멋들어진 것임을 드러내었다.

절정의 고수들이 겨루는 모습은 멋지고 아름답다. 그것이 무술이라도 그러하고, 선문답이라도 그러하다. 비록 교학으로 논쟁을 할 지라도 스스로 체득의 경지에 이른 사람끼리는 거침없고 막힘없어서 허공에 맑은 바람이 부는 것과 같다.

상대가 부정으로 나올 때 곧바로 부정으로 공격을 감행한다는 것은 결코 쉬운 일이 아니다. 그런데 더 나아가 부정하던 상대가 곧바로 긍정의 방법으로 나오는 것을 즉시 알아채고 곧 그 방법으로 대응한다는 것은 참으로 보통 사람들이 할 수 있는 일이 아니다. 공격과 수비를 능히 자유자재로 할 수 있는 사람이 아니면 곧바로 당해 버린다. 두 스님의 짧은 대화가 그 본보기를 보여준다.

호랑이를 상대하는 것은 용기만으로는 결코 될 수 없는

일이다. 물론 노력으로도 가능한 일이 아니다. 스스로가 목숨을 던져 절정의 고수가 된 뒤에 호랑이의 머리와 꼬리를 동시에 잡을 수 있는 사람이라야 가능한 것이다.

　제3구와 제4구에서 설두 노인네는 "껄껄댄 큰 웃음 어디로 갔는지 알지 못하니, 다만 오래도록 탄식의 바람만 일게 했구나."라고 하여 안타까움을 표현하였다. 대선지식의 말 한마디에 스스로 허공처럼 툭 터져버릴 수 있어야 수행을 했다고 할 수 있다. 선지식이 싱긋 웃는다면 스스로도 싱긋 웃을 수 있어야 한다. 거기서 설명을 들으려한다면 이미 늦었다.

　두 선사의 대화를 알음알이로 접근할 수도 있을 것이고, 누군가의 설명을 듣고는 이해할 수도 있을 것이다. 그러나 앙산선사의 껄껄댄 큰 웃음을 대하면서 멍한 상태가 된다면 참된 공부인이라고 할 수 없다. 여기에 이르면 축적된 지식을 뽐내며 내로라하던 이들마저도 괜스레 두리번거리기만 할 뿐이니, 참으로 안타까운 탄식소리가 바람이 일 듯할 뿐이다.

제69칙
남전 원상
(南泉圓相)

남전선사의
일원상

"어찌해야 나를 얽어매는
온갖 상황에 떨어지지 않을까"

신부님들과의 소통.
마음이 통하면 그 무엇도 장애가 되지 않는다.

강설(講說)

　조사들께서 깨달았다는 그 자리는 법문을 통째로 외워도 소용없고, 이리저리 머리를 굴리며 분석해도 들어갈 수가 없다. 특별한 솜씨를 보이지 않는데도 모든 것은 제자리로 돌아가고 있다.

　이런 경지에 이른 이들도 모두 가시덤불을 헤치고 지나왔다. 그러기에 그들의 자취는 귀신도 훔쳐보기 어렵고, 천리안을 지녔어도 발자국을 찾을 수 없다.

　평상시의 삶에서 이처럼 자유 자재한 경지에 대해서는 잠시 접어두고, 자 어떻게 하면 자신을 얽어매고 있는 온갖 상황들에 떨어지지 않을 수 있겠는가?

　귀종 지상(歸宗智常, ?)선사는 마조 도일(馬祖道一, 709~788)선사의 법제자로 귀종사에 주석하였기에 법호를 '귀종'이라 하였다. 『경덕전등록』에 설법과 문답 등이 많이 있으나 생몰연대는 밝혀지지 않았다. 시호(諡號)는 지진(至眞)선사이다.

　마곡 보철(麻谷寶徹, ?)선사는 마조 도일(馬祖道一)선사의 법제자로 마곡산에 머물면서 선풍을 고취시켰기에 법호가 마곡이다. 생몰연대는 미상이다.

본칙(本則)

擧 南泉歸宗麻谷이 同去禮拜忠國師러
거 남전귀종마곡　동거예배충국사

니 至中路하야 南泉이 於地上에 畵一圓相
지중로　남전　어지상　획일원상

하고 云 道得卽去하리라 歸宗이 於圓上中
운 도득즉거　귀종　어원상중

坐하니 麻谷이 便作女人拜라 泉云 恁麽
좌　마곡　변작여인배　전운 임마

則不去也라 歸宗云 是什麽心行고
즉불거야 귀종운 시십마심행

- **충국사(忠國師)**

  남양혜충(南陽慧忠: ?~775)국사. 혜능스님의 법제자. 오령산(五靈山)과 나부산(羅浮山), 사명산(四冥山), 천목산(天目山) 등 여러 명산을 다니다가 남양 백애산 당자곡에 들어가 40여 년 동안 지냈다. 현종과 숙종, 대종의 3대 임금의 두터운 귀의를 받았고, 국사로 모셔졌다. 시호는 대증국사(大證國師)이다.

이런 얘기가 있다.

남전스님과 귀종스님과 마곡스님이 함께 혜충국사를 뵈려고 길을 떠났다. 길의 중간쯤에 이르자 남전스님이 땅 위에다 동그라미 하나를 그리고는 말했다. "알맞게 말한다면 가겠네."

귀종스님이 동그라미 가운데에 앉으니 마곡스님이 곧바로 여인의 절을 하였다.

남전스님이 말하였다. "그렇다면 가지 않겠네."

귀종스님이 말했다. "이게 무슨 심보인가?"

　뛰어난 안목을 지닌 세 선사가 천하의 혜충국사를 뵈러가고 있다. 무슨 목적일까?

　내가 법당에서 기도를 하고 나오면 이런 질문을 하는 이가 있다. "스님은 무엇을 원하셔서 기도하십니까?" "아무것도 원하지 않습니다." "그럼 왜 기도하시는 것입니까?" "그래서 기도하는 것입니다."

　길을 가던 도중에 남전선사가 불쑥 땅에다 동그라미를 그리고는 말했다. "자 한마디씩 제대로 말해보게나. 그러면 내가 계속 함께 가겠네."

　원래 모든 것은 불시에 일어나는 법이다. 사람들은 수많은 계획을 세우지만, 삶이란 그 계획대로 되는 법이 없다. 눈앞에 나타나는 일은 제대로 보고 처리할 수 있어야 비로소 헤매는 일이 없을 것이다. 남전선사가 뜻밖의 제시를 하였지만, 당황할 두 선사가 아니었다. 귀종선사는 망설임 없이 원 안으로 들어가 앉았고, 마곡선사가 그런 귀종선사를 향해 공손히 여인처럼 절을 했다.

했다.

[illegible] 사용하기를 통해 우리의 어린이들 활동
[illegible]
[illegible]
[illegible]
[illegible]
[illegible]
[illegible]
[illegible]

[illegible]
[illegible]
[illegible]
[illegible]
[illegible]
[illegible]

　남전선사는 처음부터 조건부로 문제를 낸 것이 아니
다. 평지풍파를 일으켜 본 것이다. 일종의 이벤트와 같
은 것이다. 그러니 답이라는 것이 어떤 의미를 갖는 것
이 아님을 처음부터 알았어야 한다.

　하지만 상대의 두 선사도 남전선사에게 당하고만 있
을 분들이 아니었다. 남전선사가 가지 않겠다고 하자,
귀종선사가 "무슨 심보냐?"고 일갈하여 모든 문제를
해소해 버렸다.

　이 가운데 숨겨진 것은 무엇이며, 드러난 것은 무엇
일까?

由基箭射猿이여
유 기 전 사 원

遠樹何太直고
요 수 하 태 직

千箇與萬箇여
천 개 여 만 개

是誰曾中的고
시 수 증 중 적

相呼相喚歸去來하야
상 호 상 환 귀 거 래

曹溪路上休登陟이로다
조 계 로 상 휴 등 척

復云
부 운

曹溪路坦平커늘
조 계 로 탄 평

爲什麽休登陟고
위 십 마 휴 등 척

- **유기(由基)**

  양유기(養由基). 춘추시대 초(楚)나라의 궁술 명인(弓術名人)
  으로 100보 밖에서 버들잎을 백발백중시켜 이를 '백보천양(百
  步穿楊), 천엽지공(穿葉之功)'이라 함.

  　　　　　　　　　　　　　　　　　－사기(史記) 주본기(周本紀)에서.

  초의 장왕(莊王)이 원숭이를 발견하고는 신하에게 쏘게 하였으
  나 원숭이가 그 화살을 붙잡아 장난을 쳤다. 왕이 유기에게 원
  숭이를 쏘라고 하니, 활을 쏘기도 전에 원숭이가 나무를 안고
  울부짖었다. 유기가 활을 쏘자 원숭이가 나무를 빙빙 돌면서 피
  하려 하였으나 화살은 정확하게 원숭이를 맞췄다.

  　　　　　　　　　　　　　　　－회남자(淮南子) 설산훈(說山訓)에서

- **요수(遶樹)**

  유기가 쏜 화살이 나무를 돌며 피하는 원숭이를 따라 돌아서 원숭이
  를 맞춘 것을 가리킴,

유기가 원숭이에게 화살을 쏨이여,
나무 빙빙 돈 화살 어찌 그리 곧은가.
일천 사람 그리고 만 사람이여,
그 누가 일찍이 맞추었는가.
돌아가자며 서로 부르고 서로 외치더니,
조계의 길 위에서 오르는 것 멈추었네.
(설두스님이) 다시 말씀하셨다.
조계의 길은 평탄한데
어째서 오르는 것 멈추는가?

[illegible]

흙은 [illegible]
[illegible]
[illegible]
[illegible]
[illegible]

[illegible]
[illegible]
[illegible]
[illegible]

[illegible]
[illegible]
[illegible]
[illegible]
[illegible]
[illegible]

(번역)

　설두선사께서 "유기가 원숭이에게 화살을 쏨이여, 나무 빙빙 돈 화살 어찌 그리 곧은가."라고 활 쏘는 솜씨를 칭찬하셨다.

　비록 재주가 뛰어난 원숭이라 할지라도 뛰어난 활솜씨를 가진 유기에겐 별것 아니다. 그렇듯 유기가 비록 솜씨 좋다고 하지만, 어찌 세 선지식만 하리요. 무심히 던진 화살이 백발백중이다.

　다시 설두 노인네가 "일천 사람 그리고 만 사람이여, 그 누가 일찍이 맞추었는가."하여 세 스님의 언행을 두고 헛소리 지껄이는 것을 경계하셨다. 말에 떨어지지도 말고 행동을 따라가지도 말라.

　송의 제5구와 제6구에서 설두화상은 "돌아가자며 서로 부르고 서로 외치더니, 조계의 길 위에서 오르는 것 멈추었네."라고 하여 세 스님의 연극을 짚어주고 있다. 돌아간다고 하니 도대체 어디로 돌아간다는 말인가. 설두 노인네가 은근히 사람들을 시험하고 있다. 아니지 남전 노인네가 먼저 장난을 시작했던가. 세 선지식의 한바탕 연극에 가장 신난 이가 설두 늙은이로군.

 그래도 아쉽다고 생각했는지 설두스님이 다시 말씀하셨다. "조계의 길은 평탄한데, 어째서 오르는 것 멈추는가?"하여 자비심을 보이셨다.
 그럼 그렇지. 설두 노인네의 노파심이 어디로 가겠는가. 처음부터 세 노인네에게는 관심도 없었지. 설두 노인네는 지금 누구에게 입이 아프도록 외치고 있는가?

제70칙

백장 병각인후
(百丈倂却咽喉)

백장선사의
입 닫고 말하기

"무릉도원 찾아 이 산등성이 저 골짝
헤매지 말라"

땅에서는 낱낱 것을 찾아다니며 살펴야 하지만
하늘에서는 단번에 모든 것을 본다.

지혜로운 사람이라면 구구절절 설명을 들어야 하는 것이 아니다. 한 마디 말로 모든 것을 꿰뚫는다. 계속 채찍을 휘둘러야 한다면 훌륭한 말이 아니다. 한 번의 채찍 소리로 천리를 내닫는 법이다.

어리석은 사람들은 만년(萬年)의 세월과 한 생각(一念)을 완전히 다른 것으로 보지만, 지혜로운 이는 별개의 것으로 보지 않는다. 이미 지혜가 열렸기에 만년이 곧 일념에 다 포용되며, 일념으로 만년을 관통하는 것이다.

말은 간단하지만 이것은 결코 만만한 일이 아니다. 위와 같은 초월적 경지는 언어의 개념으로 풀이되는 것이 아니다. 공부의 맛을 좀 안 사람들이라도 대개 끝없이 설명을 해야 기뻐하지만, 초월적 경지에 이른 사람은 설명 자체가 필요 없는 것이다.

자, 어떻게 하면 이런 경지에 이를 수 있을까?

위산 영우선사(潙山靈祐, 771~853)선사는 백장(百丈)선사의 법제자이다. 제자 앙산(仰山)선사와 더불어 위

[illegible]

되었다. [illegible] 이렇게 [illegible] 마침 [illegible]
[illegible] 이런 이름으로 [illegible]
[illegible] 이어야 [illegible]
[illegible]

[illegible] 아니다.

[illegible] 들이 [illegible]"에게 붙이
[illegible] 에너지 [illegible]
[illegible] 소통했다. "[illegible]
[illegible] 흙이 [illegible] 에너."
[illegible]이서다.

[illegible]
니
[illegible] 중에 더 [illegible] 롱성
에 [illegible] 있다.
[illegible] 나를 [illegible] 아들의 [illegible]
[illegible] 어느와였더, [illegible]
[illegible] 아래 [illegible] 내응
아들의 운동(運動)도 [illegible]

앙종의 종조(宗祖)로 꼽힌다.

15세에 건선사(寺)의 법상율사 아래 출가하여 대소승 경전과 계율을 연구하였다. 23세에 강서지방으로 건너가 백장선사를 뵈었는데, 바로 제자로 받아들여 윗자리에 앉혔다고 한다.

어느 날 백장선사가 옆에 서 있는 영우스님에게 물었다.

"누구냐?"

"영우입니다."

"화로 속에 불이 있는지 살펴보도록 해라."

한참을 살핀 후 답했다. "없습니다."

백장선사께서 직접 화로를 깊숙이 헤쳐서 작은 불씨를 하나 찾아낸 후, 들어 보이면서 말씀하셨다. "이게 불이 아닌가?"

영우스님이 깨닫고서 절을 한 뒤에 자기의 견해를 펴니, 백장선사께서 말씀하셨다.

"그것은 잠시 나타난 갈림길일 뿐이다. 경에 이르기를 '불성을 보고자 하면 마땅히 시절인연을 관찰해야 한다'고 하였다. 시절이 이르게 되면 마치 미혹했다가 홀연히 깨달은 것 같고 잊었다가 문득 기억해 낸 것과 같아서, 비로소 그것이 본래 자기 물건이었지 남의 것은 아니었다는 것을 살피게 된다. 그러므로 조사께서 말씀하시기를 '깨달아 마치면 깨닫지 못한 것과 같고, 마음이 없으면 또한 법도 없다'고 하셨다. 이는 다만 허망하게 범부니 성인이니 하는 따위의 마음이 없고, 본래의 심법(心法)이 원래 스스로 갖춰진 것을 말한다. 자네가 이제 그렇게 되었으니, 잘 보호해 지녀라.”

 백장선사는 영우스님에게 위산(潙山)에 가서 도량을 만들라고 했다. 처음에는 원숭이와 벗하여 도토리 등으로 연명하였으나 점차 사람들에게 알려지면서 절을 이루게 되었다. 대장군인 이경양(李景讓)이 황제께 아뢰어 동경사(同慶寺)라는 이름을 내리게 되고, 다시 상국(相國-정승)인 배휴(裵休)가 와서 지도를 받으면서 천하에 이름이 알려지게 되었다. 40여 년 지도하면서 41명의 깨달은 제자를 두었고, 그 수제자가 앙산(仰山)선사이다. 위산에서 83세로 입적하셨고, 황제는 대원(大圓)선사라고 시호를 내렸다.

본칙(本則)

擧 潙山五峰雲巖이 同侍立百丈이러니
거 위산오봉운암   동시립백장

百丈이 問潙山호대 倂却咽喉脣吻하고 作
백장 문위산   병각인후순문   자

麼生道오 潙山云 却請和尙道하소서 丈
마생도 위산운 각청화상도   장

云 我不辭向汝道나 恐已後喪我兒孫이
운 아불사향여도 공이후상아아손

로다

이런 얘기가 있다.

위산스님과 오봉스님과 운암스님이 함께 백장선사를 모시고 서 있었다.

백장선사께서 위산스님에게 물었다. "목구멍과 입술을 사용하지 않고 어떻게 말하겠느냐?"

위산스님이 말하였다. "오히려 스님께서 그렇게 말씀해주시길 청하옵니다."

백장선사께서 말씀하셨다. "내가 너에게 말하는 것은 사양치 않겠으나, 이후에 나의 자손을 잃을까 염려되는구나."

 백장선사께서 멋진 잔치를 베푸셨다. 만일 능력 있는 사람이라면 백장 노인네가 베푼 잔치지만 스스로가 주인공 노릇을 할 수 있을 것이다. 그런데 이 노인네가 소득 없는 잔치를 베풀겠는가.

 백장선사께서 제자 위산스님에게 날카로운 양날의 칼을 내밀며 한번 잡아보라고 시험을 하셨다. 아차하면 손이 날아갈 판이다. "입 꽉 다물고 말을 해 봐라!"

 위산스님은 스승 백장선사께서 아끼던 제자였다. 바로 스승의 칼자루를 뺏어서 스승을 겨누는 솜씨가 있었기 때문이다. "어디 스승님께서 입도 벙긋 말고 말씀해 보시지요?" 이 얼마나 멋진 솜씨인가! 그렇다고 함부로 흉내를 내다간 죽을 수도 있다.

 백장 노인네의 솜씨는 그래도 제자보다는 한 수 위다. 뺏긴 칼자루를 얼른 되뺏어서 그 칼의 광채를 보여주었다. "말해줄 수는 있지만, 그렇게 하면 모두가 눈멀고 말 것이다." 참으로 노련한 솜씨이다.

卻請和尚道여
각 청 화 상 도

虎頭生角出荒草로다
호 두 생 각 출 황 초

十洲春盡花凋殘이나
십 주 춘 진 화 조 잔

珊瑚樹林日杲杲로다
산 호 수 림 일 고 고

- 황초(荒草)

  거친 풀숲. 가시덤불.

- 십주(十洲)

  신선들이 산다는 열 가지 이상향. 온갖 진귀한 보석 등이 나온다는 세상임.

  원오스님의 평창(評唱)에는 다음과 같이 설명하였다.

  십주는 모두 바다 밖에 붙어 있는데 다음과 같다. 첫째는 조주(祖洲)이니 반혼향(返魂香)이 나온다. 둘째는 영주(瀛洲)이니 지초(芝草)와 옥석(玉石)이 나고 샘물은 술맛과 같다. 셋째는 현주(玄洲)이니 선약(仙藥)이 나오는데 이를 먹으면 불로장생한다. 넷째는 장주(長洲)이니 모과(木瓜)와 옥영(玉英)이 나온다. 다섯째는 염주(炎洲)이니 불에 넣어도 타지 않는 화완포(火浣布)가 나온다. 여섯째는 원주(元洲)이니 꿀맛 같은 영천(靈泉)이 있다. 일곱째는 생주(生洲)이니 산천에 추위와 더위가 없다. 여덟째는 봉린주(鳳麟洲)이니 봉의 부리와 기린의 뿔을 달여 만든 속현교(續弦膠)가 나온다. 아홉째는 취굴주(聚窟洲)이니 청동 머리에 무쇠 이마를 지닌 사자가 나온다. 열째는 단주(檀洲) 또는 유주(流洲)이니 곤오석(琨珸石)이 나오는데, 이를 칼로 만들면 옥돌이 진흙처럼 잘린다.

오히려 스님께서 말씀하길 청한다 함이여,
호랑이 머리에 뿔 생겨 가시덤불 나오네.
신선세계 봄이 다해 꽃 시들어 쇠잔하나,
산호나무 우거진 숲에 해가 밝고 밝구나.

[illegible]

이것이 [illegible] 진리들이니 [illegible] 이상화의 정수인 것이
다.

불교 철학이 그리고 [illegible]는 명시히 진리들을 담어놓았
다. [illegible] 시들이 [illegible] 한호거늘 [illegible] 줄에 [illegible]
[illegible] 제3[illegible] [illegible]에서 [illegible] 깨치게 될이

[illegible] 것이다.

[illegible]
[illegible]
[illegible]
[illegible]
[illegible]
[illegible]
[illegible]

[illegible] (別冊)

　설두화상이 제1구와 제2구에서 "오히려 스님께서 말씀하길 청한다 함이여, 호랑이 머리에 뿔 생겨 가시덤불 나오네."라고 하여 위산의 솜씨를 칭찬하셨다.

　백장선사의 질문은 거친 가시덤불이었다. 정말 칼을 잘 쓰는 사람이 아니라면 그 가시덤불에 상처투성이의 몰골이 되고 말았을 것이다. 하지만 상대는 스승의 솜씨를 꿰뚫고 있는 위산스님이었다. 빈손에 칼자루를 쥐어준 격이니, 바로 호랑이가 머리에 뿔까지 돋은 셈이었다. 그리고는 무시무시한 모습으로 스승에게 덤비니, 천하의 백장선사가 아니었다면 혼비백산하고 말았을 것이다.

　송의 제3구와 제4구에서 설두선사는 "신선세계 봄이 다해 꽃 시들어 쇠잔하나, 산호나무 우거진 숲에 해가 밝고 밝구나."라고 하여 두 선사의 진면목을 보여주셨다.

　목구멍과 입술을 놀려 가장 아름다운 세계를 만들면 무엇이 될까? 신선들이나 사는 이상향인 십주일 것이다. 봄날 화려한 꽃 가득한 이상을 그리던 사람들에게 백장선사와 위산스님은 순식간에 그 꽃을 지게하고 말았다.

그러면 무엇이 남을까? 꿈을 깬 사람은 무엇을 볼까? 무릉도원을 찾아 이 산등성이와 저 골짝을 헤매지 말라. 괜스레 신은 닳고 옷만 해어진다. 눈앞에는 언제나 빛나는 세상이다. 하지만 백장선사와 위산스님은 그 빛나는 세상에서도 모습을 감추었다.

송주도님이 한탈을 맞기기억
(초판·1쇄)

발행일자   시작 초일 아메리교
              시작 충일 배베교회

펴낸곳   보문북스
펴낸이   강일수
편집   강일수, 마규니, 최희수
대표전화   021-965-1285
이메일   bobunbooks@naver.com
홈페이지   http://bobunbookstore
주소   경기도 [illegible]

이 책은 저작권법에 의해 보호를 받는 저작물이므로
무단 전재와 복제를 금합니다.

송강스님의 벽암록 맛보기 7권
(61칙~70칙)

역해 譯解	시우 송강 時雨松江
사진	시우 송강 時雨松江

펴낸곳	도서출판 도반
펴낸이	김광호
편집	김광호, 이상미, 최명숙
대표전화	031-983-1285
이메일	dobanbooks@naver.com
홈페이지	http://dobanbooks.co.kr
주소	경기도 김포시 고촌읍 신곡리 1168번지